Economía y Fe

Tristeza Socialista vs. Mercado Regulado
con Sabiduría

José F. Botello L.

© Copyright 2022 by José F. Botello L.
Todos los derechos reservados
Economía y Fe

ISBN 979-83-6622-549-6

Dedicatoria

A mi amada familia, esposa, hijos, nietos, parientes, amigos y a todos los que buscan con esperanza.

Semblanza

José F. Botello L.

josefbotello57@gmail.com

Nació en ciudad de Panamá, es economista y master en administración de empresas con énfasis en finanzas, ambos de la Universidad Nacional de Panamá, además especialista en docencia universitaria de la Universidad Santa María La Antigua; laboró 41 años en el Instituto Nacional de Estadística y Censo de Panamá, jefaturó por más de 10 años las estimaciones del PIB y variables de las Cuentas Nacionales, pertenece a la Pastoral de la Salud, es bajista en el coro Alma Misionera, del Templo Nuestra Señora de la Esperanza, esposo abnegado, padre de 3 hijos y abuelo de 3 nietos, lector incansable.

Índice

Prólogo 11

Introducción 13

Capítulo I Pobreza y prosperidad 17

   a. Sistemas económicos 19

   b. Desempleo, educación y tecnología 25

   c. Corrupción política y empresarial 33

Capítulo II Problemas económicos y ética ... 41

   a. Humanidad, guerras e invasiones 43

   b. Ambición desmedida de lucro 46

   c. Economía y sentimientos morales 49

Capítulo III Sabiduría es más que inteligencia 57

   a. ¿De dónde viene todo lo que vemos? 59

   b. Orden y libertad 64

   c. Amor vs. rencor 68

Capítulo IV Economía de Dios 73

   a. Creced y multiplicaos 75

   b. Ganarás el pan 82

   c. El buen samaritano 86

Capítulo V La fe mueve montañas 93

    a.   Cooperación y competencia 95

    b.   Eficiencia es riqueza 98

    c.   Libertad, Igualdad y Fraternidad 102

Conclusiones 107

Bibliografía 113

Agradecimientos 121

Prólogo

Desde mi infancia observé y no entendía la diferencia entre las personas que vivían muy bien y las que pasaban mucho trabajo. Mis padres eran profesionales ambos y crecí en una clase media que ganaba el sustento día a día, con esfuerzo propio y honesto. En el vecindario o la escuela se podía percibir claramente esa diferencia, pero un niño no la entiende e incluso al crecer alcanzará distintas explicaciones del fenómeno.

Previo a graduarme de secundaria, llamó mi atención la profesión de economista a partir de un tío que era contador y me habló al respecto. Entré a la Facultad de Economía de la Universidad Nacional y en los años que dura la licenciatura, conocí un cuerpo de materias diversas, unas muy prácticas como la estadística o contabilidad y otras teóricas como el desarrollo económico y la macroeconomía.

En ese andar conocí el marxismo como teoría económica que planteaba una liberación de los pobres a partir de la aniquilación de la propiedad privada e instauración de planificación central, o sea un control total del estado sobre las actividades económicas. Sonaba interesante, pero en mi casa no lo era. Éramos una familia católica con una práctica promedio de asistir al catecismo y la iglesia dominical. Con mi entrada a la universidad y el tema referido, se distanció mi fe.

Puedo resumir que el ser humano casi en su totalidad valora la libertad, incluso hasta confundirla con su exceso, el libertinaje. Valora además en demasía el dinero como fuente de la felicidad y el individualismo como enfoque de vida segura. Por último practica fuertemente el engaño al prójimo en lo individual y lo social a fin de mantenerse "en la jugada".

El objetivo de este esfuerzo es compartir reflexiones honestas, sencillas y sinceras de lo que significa transitar por la ruta referida. Veremos el tema económico, el tema de la fe y la síntesis necesaria para construir una visión integral y coherente de nuestra existencia terrenal, con acciones de compromiso.

Introducción

La economía y la fe son como el agua y el aceite, así piensan muchos. Como dos polos opuestos, uno material y el otro espiritual, la economía debe ser la administración eficiente de la producción, inversión o el consumo, entre otras variables materiales; mientras que la fe es "Creer en lo que no se ve", asociado con la gran esfera de lo espiritual.

El presente escrito es el fruto de una reflexión sincera y por años, de cuál es la mejor respuesta de la economía para el hombre.

Cuando observas a un creyente, él no ve a Dios sino a partir de la gran obra de la creación, que lo incluye a él. Pero para un escéptico, ateo o agnóstico, es irrelevante lo que no se puede ver o verificar a simple vista.

La economía se puede observar en la historia como una evolución de sistemas económicos sobre un gran eje: la práctica de la libertad, que desde la esclavitud va mutando hasta las sociedades de hoy.

Por esto en el capítulo I, reflexionaremos sobre el más terrible de los flagelos de la humanidad, la pobreza, destructora del gran anhelo de todos, la prosperidad.

En el capítulo II, veremos la importancia de la ética para lograr la eficiencia que persiguen las ciencias económicas, como administradoras claves de la materia en la sociedad. Igualmente observaremos que el egoísmo, como motivador de la competencia, lleva a la pérdida de los trascendentales valores morales, necesarios para la supervivencia humana.

En el capítulo III podremos entender que el ser humano ha alcanzado un gran avance tecnológico, gracias a la inteligencia y los conocimientos acumulados con el pasar del tiempo, gracias al cerebro, órgano maravilloso que poseemos desde antes de nacer. Veremos que la creación no es pura casualidad al estar fundamentada en el orden como guía en medio de nuestro libre albedrío. Y que este orden implica desde todos sus ángulos a la sabiduría del amor eterno, el cual sobrepasa nuestra inteligencia cambiante y frágil.

En el capítulo IV, reflexionaremos sobre la Sabiduría de Dios, en tres puntos, de inicio a fin: creced y multiplicaos, ganad el pan y sed solidarios como el buen samaritano.

Finalmente, cerramos nuestra gran reflexión con el capítulo V, concluyendo que sin la fe nada podremos hacer integralmente bien. Si tenemos competencia, debemos de agregar cooperación y solidaridad desde el espíritu, para que la eficiencia alcance la prosperidad, o sea que la libertad seguida de igualdad requiere de una gran fraternidad, cuya práctica profunda debe entenderse como el amor al prójimo.

Capítulo I

Pobreza y prosperidad

a. Sistemas económicos

La Economía, la Política y lo Social rigen en la vida de todos. La Economía se define como la administración eficiente de los recursos escasos para satisfacer las necesidades ilimitadas.

El reputado premio nobel de economía Paul Samuelson dice que la economía es el: *"Estudio de la forma en que las sociedades utilizan recursos escasos para obtener mercancías valiosas y distribuirlas entre diferentes personas"*. [1]

Para entender la economía, consideremos primero la existencia histórica de los llamados *Sistemas económicos*, o sea la forma en que se organiza cada sociedad para satisfacer sus necesidades, referidas a alimentos, agua, aire, ropa, vivienda, medicinas, educación, diversión, seguridad y otras según el grado de avance, costumbres y cultura de cada sociedad o país.

El primer sistema económico conocido fue el **Sistema Esclavista**, que satisfacía la producción de bienes, a partir de

---

[1] SAMUELSON, Paul A. y William D. Nordhaus: *Macroeconomía. Con aplicaciones a Latinoamérica*. Glosario.

una mano de obra privada de su libertad y muchas veces maltratada. Seguidamente surge el **Sistema Feudal**, asociado como el anterior con las monarquías, en el que habían nobles designados por el rey del lugar, para beneficiarse de grandes áreas de tierra asignadas, llamadas feudos, en las que el noble Señor Feudal, mandaba sobre gran cantidad de vasallos campesinos, que él les permitía vivir en su feudo y los protegía con su ejército, pero ellos debían ceder gran parte de su cosechas y animales, para beneficiar a su amo o señor feudal, de allí el nombre de Feudalismo. Este sistema mejora el de la esclavitud con una cuota mayor de libertad al pueblo, sin embargo, los vasallos (agricultores o labradores de las tierras del señor feudal), tenían aun dependencia al trabajar y muchas veces tener que regatear el poco sobrante que recibían.

La Revolución Francesa iniciada en 1789, trajo cambios importantes debido a la fuerte disminución que logró del poder monárquico en el mundo, por lo que en Europa surgen los artesanos y burgueses, que serán los futuros capitalistas, con los que nació una nueva organización económica llamada **Sistema Capitalista** (con este son 3 los sistemas mencionados)², que aumentó el grado de libertad de la población antes sometida a la tiranía, al favorecer la Propiedad privada y la iniciativa para vivir de su creatividad y trabajo. Al crecer y expandirse esta clase propietaria, contrata empleados o asalariados en diversas áreas, que al inicio fueron de baja calificación, pero con el surgimiento de sistemas educativos públicos, se facilitó la mejora de su productividad.

Igualmente surgieron nuevos tipos de abusos (en la esclavitud y feudalismo, se abusaba de la parte más débil, esclavos y campesinos vasallos), igual se va dando con el capitalismo, el abuso del número de horas trabajadas, salarios miserables, impuntualidad en los pagos de trabajadores, despidos a diario, incluso de obreras embarazadas y explotación infantil, entre otros.

---

² Algunos economistas citan además un Sistema Mercantilista (siglos XVI y XVII), que da primacía al comercio internacional como fuente de riquezas junto con la acumulación de metales preciosos como el oro y la plata. Puede considerarse como un capitalismo comercial o precapitalismo. Igualmente citan el Sistema Fisiocrático (siglo XVIII), en el que se daba prioridad a la agricultura por sobre el resto de las actividades existentes o nacientes.

La referida Revolución Francesa generó el enfoque de derechas e izquierdas, equivalente a conservadores (minorías a favor de la monarquía que estaba siendo desmantelada) y revolucionarios (que abogaban por libertad abierta y cambios en diversos sentidos). Para esa época los revolucionarios eran los que promulgaban la libertad del mercado en ciernes y los conservadores el estado monárquico (o autocrático si se quiere). Al evolucionar la famosa dicotomía de enfoques, los revolucionarios (una izquierda promotora de la libertad individual), pasarán a ser los que promueven el estado autocrático socialista junto con su "promesa" de igualdad o justicia social y los conservadores (derecha), que defienden la propiedad privada y el libre mercado no regulado por el estado.

La evolución de las ideas económicas con el advenimiento del enfoque económico socialista, desarrollado en teoría por el economista alemán Carlos Marx, lleva al nacimiento del **Sistema Socialista**, con ejemplos de su aplicación originalmente en la Unión de Repúblicas Soviéticas Socialistas (URSS) y en Cuba, como ahora en varios países de Sudamérica y otros. Este incorpora en principio la eliminación de la propiedad privada y el advenimiento de la propiedad colectiva del estado, administrada con una planificación central organizada y dirigida por un solo "partido necesario", el partido socialista (o en algunos casos llamado partido comunista, que en teoría aspira a un sistema comunista, como ideal).

Esta dicotomía para situar las dos fuerzas, izquierda y derecha, se resume en lo económico a cuanta intervención o no tiene el estado en la actividad económica. Si el estado interviene con una planificación central, es un país con un sistema socialista y si no interviene o interviene poco para regular la actividad económica del libre mercado, es un país de sistema capitalista.

Con la llegada de las teorías del economista inglés John Maynard Keynes, cuya obra principal es el "*Tratado General sobre la ocupación, el interés y el dinero*", surgida a la postre de la Gran Crisis Económica de 1929, que asoló al mundo entero, entra en escena un nuevo sistema económico denominado por muchos como el **Sistema Mixto**, que habla de coexistencia entre el libre mercado y una regulación específica controlada por el estado, de acuerdo con la situación del país y sus características económicas. De esa forma la empresa privada es libre pero regulada por el estado, que mantiene así varios entes reguladores para proteger al consumidor por malas prácticas comerciales, prestación privada de servicios de utilidad pública (electricidad, agua o telecomunicaciones), superintendencias de bancos, seguros y de mercados de valores. Además, puede intervenir en la producción mediante empresas estatales (que muchas veces se critica su ineficiencia o mala administración estatal).

En realidad, actualmente el Sistema Mixto, rige en casi todo el orbe, con distintas proporciones. Un ejemplo importante y reciente es la República Popular China, que aplica un "capitalismo" regido por el partido comunista.

Al considerar el gran fenómeno de la Revolución Francesa y sus principales postulados: Libertad, Igualdad y Fraternidad, podemos visualizar la importancia de los fenómenos tratados, el primer postulado representaría al sistema capitalista, el segundo al socialista y el tercero al mixto que estaría abogando por un equilibrio, que debería llevar a la fraternidad entre las fuerzas del mercado y del estado. Tengo objeciones para aceptar que la fraternidad se alcance desde este sistema mixto per se, como veremos en el capítulo V.

b. Desempleo, educación y tecnología

Cada sistema económico, debe procurar que surjan los puestos de trabajo necesarios para que la población, generalmente en crecimiento, obtenga los ingresos que le permitan satisfacer sus necesidades.

Al echar un vistazo a las necesidades humanas, aprovechemos la conocida Pirámide de Necesidades del gran psicólogo Abraham Maslow, dividida en 5 grandes grupos.[3] En su base registra las necesidades fisiológicas que abarcan respiración, alimentación, descanso, sexo y otras, seguidas de las necesidades de seguridad, correspondientes a la física, económica de empleo y recursos, familiar, salud y propiedad privada. Ambos primeros dos grupos de necesidades son predominantemente de corte materialista. A su vez los tres grupos restantes son sociales (amistad, afecto, intimidad sexual), de reconocimiento (autorreconocimiento, confianza, respeto y éxito) y finalmente autorrealización (moralidad, creatividad, resolución de problemas, otras).

---

[3] INSTITUTO EUROPEO DE POSTGRADO: *Las 5 fases de la pirámide de Maslow*. Ver Bibliografía digital.

Las 5 fases de la pirámide de Maslow

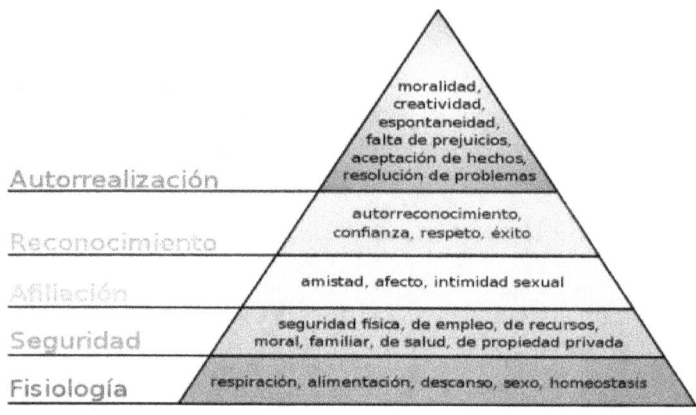

Fuente: Instituto Europeo de Postgrado.
https://i2.wp.com/www.iep.edu.es/wp-content/uploads/2019/09/piramide-maslow1.png

A grosso modo vemos que las necesidades materiales (fisiológicas y de seguridad), están en la base de la clasificación, seguidas de las sociales y si se quiere espirituales, ubicadas en la parte superior de la pirámide. Además, las necesidades básicas o primarias requieren mucho el factor dinero (o económico), mientras que las superiores requieren un referente comunitario y asociado con lo espiritual.

Podemos afirmar que con el alcance de las necesidades sociales y espirituales se logra la eficiencia para la adecuada satisfacción integral de las necesidades humanas. Y en la punta de la pirámide está la moralidad.

Para cubrir las necesidades materiales, el hombre requiere generar ingresos económicos y la fuente más idónea es el empleo, dependiente o no de un patrón. Cuando se busca y no se encuentra empleo, nos ubicamos en el flagelo del desempleo

El desempleo es una de las grandes causas de la pobreza y existen varios factores que limitan el incremento del empleo y llevan obligadamente al trabajo informal (no protegido o de sobrevivencia), umbral básico de la pobreza:

- Fallas en la educación.
- Tecnología ahorradora de mano de obra.
- Corrupción pública y privada.
- Salarios insuficientes o injustos
- Sindicatos que ahogan el crecimiento principalmente del pequeño o mediano empresario.
- Injusticia en los precios del comercio internacional de materias primas
- Competencia desleal de empresas.

Para que aumente el empleo, la educación debe ser suficiente, actualizada, de calidad pedagógica y acorde con las necesidades del mercado. A su vez, el factor tecnológico frena la capacidad de generar puestos de trabajo en un mundo donde las empresas cada vez emplean mayor tecnología. Esto crea un "efecto boomerang", dado que el menor empleo de mano de obra, reduce la capacidad de demanda efectiva para consumir una producción cada vez más tecnológica, abundante y rápida.

Otro jinete del apocalipsis es la corrupción, tanto de las empresas privadas (publicidad engañosa, productos de baja calidad, reducción de los envases ofrecidos al mismo precio, evasión de impuestos, manipulación obligada para el consumo inducido, por ejemplo en medicamentos que crean dependencia, precios injustos, contaminación ambiental, etc.), como del sector público y gubernamental (sobre costos en obras contratadas, coimas que encarecen las obras, nombramientos clientelistas que restan productividad de trabajadores, favoritismo a personas o grupos económicos afines, políticas públicas sin sentido u orientadas desde el exterior).

El abuso del empleado se da efectivamente cuando no recibe un sueldo o salario acorde con su desempeño, esto lo mantiene con deudas, desnutrición, baja productividad e insuficientes recursos para educarse y a sus hijos, etc. Otras veces el empleado labora la milla reducida, en vez de la adicional.

Por su parte, los sindicatos al buscar su único y real beneficio pueden ahogar el crecimiento de empresas medianas o pequeña y al exigir acaban "con la gallina de los huevos de oro", provocando el cierre de empresas y generando más desempleo y pobreza, muchas veces liderados por grupos ideológicos de izquierda.

La injusticia en los precios de las materias primas se da cuando grandes empresas de países desarrollados pagan precios inferiores por las materias compradas, como pasa en Latinoamérica, por ejemplo, las transnacionales de cobre (y lo que pagan), que pueden generar insuficiencia en los ingresos estatales e incluso contaminación ambiental.

En cuanto a la competencia desleal entre empresas, es el caso de las guerras comerciales, que abarcan el robo de patentes, crear confusión en los mercados, contratos amañados fruto de licitaciones fraudulentas y la atracción con trucos de los clientes ajenos, entre otros. Un ejemplo extraordinario de competencia injusta es el que narra la vida del afamado empresario y exitoso científico de origen serbio Nikola Tesla (1856-1943), quien perdió derechos sobre algunos de los grandes inventos atribuidos a él. [4]

En resumen, **la pobreza se asocia con el incremento del desempleo**, debido a factores planteados, sin embargo, esa pobreza tiene una cara adicional muy dura, como lo es la insuficiente capacidad de la población para administrar sus finanzas familiares o personales. O sea que es muy grave el despilfarro de los pocos recursos obtenidos, que van a parar a los bares, cantinas, comercios de ropa, perfumes y belleza, centros de diversión y en el caso de algunos países como el panameño, en los carnavales, igual navidad y otros momentos que aprovecha el comercio y las financieras para terminar de engrampar a los habitantes de cada país, que siguen una ruta que los sostiene o lleva a la pobreza.

---

[4] GRUPO INGENIERIL: *Nikola Tesla: el hombre más inteligente de todos los tiempos.* http://mundo-ingenieril.blogspot.com/2014/12/nikola-tesla-el-hombre-mas-inteligente.html

Una educación financiera para administrar los ingresos, gastos y ahorro es ideal para contrarrestar la influencia de la publicidad. En ese sentido se implementan en algunos países programas para mejorar la administración financiera personal, incluso desde la infancia. Al respecto, un excelente logro se ha implementado en Panamá, denominado: *Tu Balboa con sentido*.[5] Este programa busca mejorar a través de capacitaciones en línea y otros medios, la capacidad administrativa financiera de cuatro grupos:

1. Los trabajadores en general.
2. El ecosistema educativo (estudiantes desde primaria y resto).
3. Los emprendedores, microempresarios y pequeños empresarios.
4. Grupos vulnerables (población excluida, adolescentes y jóvenes en riesgo social, adultos mayores, personas con capacidades especiales, mujeres en condición de desprotección y personas en pobreza y pobreza extrema, que en su mayoría reciben apoyo social por parte del Estado).

---

[5] SUPERINTENDENCIA DE BANCOS DE PANAMÁ y otros: *Tu Balboa con sentido*. Ver Bibliografía digital.

Que buena forma para desarrollar habilidades y lograr que la población más necesitada administre mejor sus recursos, fomente el ahorro, ejerza sus derechos como consumidores financieros, evite el sobreendeudamiento y tome decisiones correctas, con controles en plantillas de cálculo sencillas y prácticas para llevar sus datos y programar sus gastos.

Considerando la relación entre los sistemas económicos vigentes y el desempleo, podemos agregar que en el socialismo, el plan central del partido, decidirá las carreras, empresas y nombramientos de empleados, por lo que ante este gran reto, se vislumbran dificultades para alcanzar la dinámica empresarial que logre empleos suficientes y eficientes, dado el aumento de la población y un plan que con dificultad atinará para cubrir realmente las necesidades del mercado laboral y las de producción necesaria y óptima.

En el capitalismo, el mercado demanda la cantidad de empleos según las necesidades empresariales, pero siempre hay distancias lógicas entre necesidades cambiantes por la tecnología u otros factores y fallas en la elección de carreras por los jóvenes estudiantes dada la poca asesoría recibida para esta trascendental decisión.

En un sistema mixto, tanto empresas como gobierno serán empleadores, pero igualmente en todos los casos la educación deficiente, tecnología extrema y corrupción, frenan la oferta de plazas de trabajo.

La educación actual debe potenciarse con la tecnología y está a su vez se beneficiará con la educación, que aprovecha sus avances, **pero el gran problema general es la corrupción.**

c. Corrupción política y empresarial

Las mencionadas prácticas generalizadas de corrupción del sector privado (evasión de impuestos, publicidad engañosa, coimas y otros) y del sector público (contratos de obras públicas amañados, favoritismos, clientelismos electorales, políticas públicas erradas), poseen una raíz que se entreteje dentro: **el egoísmo humano** y unido a éste, la obsesión material por el dinero.

El padre de la Economía como ciencia es el economista escoces **Adam Smith** (1723-1790), quien transmite en su principal obra escrita: "*Una investigación sobre la naturaleza* *y las causas de la riqueza de las naciones"*, la idea que la búsqueda del propio interés o beneficio (egoísmo), es el motor para maximizar los ingresos. Así, un comportamiento egoísta por la búsqueda de la propia ventaja (competencia), siempre tendrá una mano invisible que provocará el balance del mercado, generando el bienestar a todos.

*"El ingreso anual de cualquier sociedad es siempre exactamente igual al valor de cambio del producto anual total de su actividad, o más bien es precisamente lo mismo que ese valor de cambio. En la medida en que todo individuo procura en lo posible invertir su capital en la actividad nacional y orientar esa actividad para que su producción alcance el máximo valor, todo individuo necesariamente trabaja para hacer que el ingreso anual de la sociedad sea el máximo posible. Es verdad que por regla general él ni intenta promover el interés general ni sabe en qué medida lo está promoviendo. Al preferir dedicarse a la actividad nacional más que a la extranjera él solo persigue su propia seguridad; y al orientar esa actividad de manera de producir un valor máximo él busca sólo su propio beneficio, pero **en este caso como en otros una mano invisible lo conduce a promover un objetivo que no entraba en sus propósitos**. El que sea así no es necesariamente malo para la sociedad. Al perseguir su propio*

interés frecuentemente fomentará el de la sociedad mucho más eficazmente que si de hecho intentase fomentarlo." [6]

Este planteamiento clave del reconocido padre de la ciencia económica es fundamento en muchos autores liberales, para favorecer los intereses privados por encima de los de la sociedad. Suena lógico, pero la mano invisible que garantiza el beneficio general en realidad se ve afectada por las fallas del mercado y por la corrupción, acabando con la eficiencia en la administración de los recursos, como en un círculo vicioso.

En su otra gran obra: La *"Teoría de los sentimientos morales"*, Smith indica que el hombre es un ser social que requiere del concurso de sus semejantes. En ambas obras él menciona una mano invisible que alcanzara el equilibrio social, y que se ha interpretado como referida a los mecanismos del mercado competitivo. En la búsqueda del mayor beneficio el consumidor favorece la calidad y el precio, que unido al afán de ganancia, logra un balance continuo. Sin embargo, todos acabamos buscando ventajas y corrompemos la intervención de la mano invisible.

---

[6] SMITH, Adam: *La riqueza de las naciones*. Página 554. (El remarcado es mío).

El egoísmo hace al humano indolente del malestar que provoca. Por ejemplo, la búsqueda obsesiva de innovación tecnológica me lleva a obviar daños colaterales, muchas veces conocidos solo por mi como innovador. ¿Qué me puede frenar si el objetivo es ganar fortuna y fama? Así, hay muchos ejemplos: al ciudadano pobre, le importa un comino botar la basura en la calle, robarse un bien público o romper una silla en un estadio, si nadie lo ve, lo castiga o no le cuesta. Como dice un dicho en mi país, "*De lo que no te cuesta haz fiesta.*" Al empresario rico le es indiferente la mala calidad de los productos que vende o la contaminación que genere.

Existen otros autores que tuvieron una presencia fuerte en el pensamiento egoísta humano, como el italiano Nicolas Maquiavelo (1469-1527), quien en su famosa obra "El Príncipe", plantea un enfoque que se asocia con la famosa frase: "*el fin justifica los medios*" (él no la pronunció así textualmente):

"*De las acciones de los hombres, y más aún de las de Los Príncipes, que no pueden someterse a reclamación judicial, hay que juzgar por los resultados. Cuánto haga un príncipe por conservar su poder y la integridad de sus Estados, se considerará honroso y lo alabarán todos, porque el vulgo se deja guiar por las apariencias y no solo juzga por los acontecimientos; y como casi todo el mundo es vulgo, la opinión de los pocos que no forman parte de él se tiene en cuenta cuando falta base a la opinión vulgar."* [7]

Su mensaje es que si te beneficias, no importa el daño que infrinjas al prójimo. Otro escritor terrible, el filósofo ateo alemán Friedrich Nietzsche (1844-1900), planteó que "*Dios ha muerto, viva el hombre*" (en La gaya ciencia, 1882), para decir que el humano debe elevarse por sobre el comportamiento de rebaño pacífico y someter al débil.

De la corrupción el actual Papa Francisco cuando era cardenal dijo:

"*No hay que confundir pecado con corrupción, el pecado sobre todo si es reiterativo, conduce a la corrupción pero no cuantitativamente (tantos pecados provocan un corrupto), sino cualitativamente, por creación de hábitos que van deteriorando y limitando la capacidad de amar, replegando*

---

[7] MAQUIAVELO, Nicolás: *El Príncipe*, editorial Temis Librería, Bogotá Colombia, 1985. Página 73.

cada vez más la referencia del corazón hacia horizontes más cercanos a su inmanencia, a su egoísmo."[8]

Y agregó con argumentos muy contundentes que:

"Podríamos decir que el pecado se perdona, la corrupción no puede ser perdonada. Sencillamente porque en la base de toda actitud corrupta hay un cansancio de trascendencia: frente al Dios que no se cansa de perdonar, el corrupto se erige como suficiente en la expresión de su salud: se cansa de pedir perdón."[9]

En Panamá, El Grupo de El Valle, conformado por un selecto grupo de los más importantes economistas (4), obispos (2), sociólogo, psicólogo, abogado, empresarios (2), teólogo, biblista, y sacerdotes, que en reuniones de trabajo particularmente de 1980-82, reflexionaron sobre la situación nacional y al observar el caso panameño de ese entonces plantearon que:

---

[8] BERGOGLIO, Jorge M. Cardenal: *Corrupción y pecado*, página 17.
[9] Ibídem, página 18.

"La corrupción no es un fenómeno nuevo en Panamá. Lamentablemente ha existido a través de toda nuestra historia y en especial durante nuestra vida republicana, incluido el período de post-guerra. Sin embargo, nunca antes según la memoria de los actuales panameños se había dado la corrupción con la profundidad y extensión de la que nos aqueja en estos momentos. Tampoco había alcanzado la notoriedad internacional generada por actos relacionados con el tráfico de drogas que han ocurrido en el año 1984. [10]

Según la mentalidad egoísta per se, a una empresa capitalista no le preocupa contaminar un río, o evadir impuestos, a menos que sea acusada y castigada; igual el abogado que defenderá cualquier causa con tal de que le paguen sus honorarios; y el juez, venderá sus fallos; al final no es su problema las víctimas inocentes que dejan en el camino. La búsqueda del bien egoísta genera pobreza y dolor, porque **la economía se convierte en administración ineficiente de los recursos escasos**, contrario al logro de una economía próspera, que debe disponer el uso eficiente de los recursos disponibles.

---

[10] GRUPO DE EL VALLE: *Hacia una economía más humana*. Páginas 119-20.

Así se entiende porque a las empresas no les preocupa la contaminación ambiental, que no es su problema y no quieren realizar gastos de protección al ambiente. Igualmente, no les interesa pagar los impuestos sobre la renta y otros. La mentalidad individualista se va adueñando de las posturas empresariales. A su vez los jerarcas gubernamentales, llegarán al gobierno con el fin de apropiarse de una parte de los recursos de todos. **En la raíz de todos estos fenómenos, reinan el materialismo y el egoísmo.** Así la prosperidad nunca alcanzará su sentido integral.

Capítulo II

Problemas económicos y ética

a. Humanidad, guerras e invasiones

Si estudiamos la historia humana, podemos resumirla en una lucha continua por obtener los alimentos y otras cosas materiales, muchas veces escasas (ver capítulo 1, b). Con el tiempo, el hombre aprendió que si habitaba cerca de ríos, encontraría abundancia de frutos y si se armaba podría apropiarse de nuevas tierras más fértiles y vencer animales muy feroces. Así se van desarrollando armamentos cada vez más efectivos para vencer al oponente (el prójimo) e invadir tierras más fértiles.

Esta historia resumida se mezcla, con los sistemas económicos mencionados en el capítulo previo que parten de la esclavitud, donde los vencedores hacían esclavos a los perdedores y después serán las guerras entre señores feudales por quedarse con otros feudos deseados. Surgen invasiones de todo tipo e incluso muchas de las más épicas y completas están en el Antiguo Testamento de la Biblia.

¿Qué sentido tiene qué un libro sagrado narre tantas guerras, batallas, invasiones y luchas como las del pueblo inicial que recibe el depósito del primer mensaje sobre el origen del hombre, los mandamientos, la sabiduría, salmos, profetas y evangelios? Y el pueblo hebreo fue esclavizado, avasallado, torturado y saqueado, pero también tuvo varios momentos de gloria y muchísimas enseñanzas grandiosas para toda la raza humana. El sentido es el amor, no estamos solos, ni seremos ignorantes siempre, incluso las batallas épicas narradas, siempre dejaron enseñanzas.

La Palabra de Dios nos indica y explica que lo normal es un ser humano ambicioso y hasta violento, pero en ningún momento se dice que esto sea lo recomendable. Está en nuestro libre albedrío, pero no es sabio practicar el exceso o desorden de vida. El único "exceso" válido es el amor. *"No tengan deuda alguna con nadie, fuera del amor mutuo que se deben, pues el que ama a su prójimo ya ha cumplido con la Ley."* (carta a los Romanos 13,8) [11]

La Biblia nos transmite que lo material es excelente (creación de Dios al fin), pero que no debemos quedarnos solo en eso, porque perderemos el control, que corresponde a dejar que nos gobierne el buen espíritu. Somos y tenemos cuerpo pero también poseemos espíritu y este último debe gobernar al

---

[11] Todas las citas de La Biblia corresponden a: EDITORIAL SAN PABLO: *La Biblia Latinoamérica*. Ver en la Bibliografía.

cuerpo. **Sin vida espiritual sana, seremos presa indiscutible del materialismo crudo**, dada la tentación resbalosa y detrás de ésta el engañoso demonio, que nos convence a estar seguros de nuestra autosuficiencia, por lo que no nos pasará nada, no nos enfermaremos, no seremos castigados, no pisaremos la cárcel, ni viviremos en soledad. Con respecto al fruto prohibido, "La serpiente dijo a la mujer: "*No es cierto que morirán. Es que Dios sabe muy bien que el día en que coman de él, se les abrirán a ustedes los ojos; entonces ustedes serán como dioses y conocerán lo que es bueno y lo que no lo es.*" " (Libro del Génesis 3, 4-5).

El pecado original fue desobedecer las buenas instrucciones y caer en el engañoso placer de creerse poderosos y no necesitar de una guía superior, equivalente a muchos científicos que al descubrir la combinación entre la materia creada (los elementos químicos, la reproducción e inclusive el gran cerebro humano) y las leyes físicas (gravedad, equilibrio del espacio, etc.), ya establecidas por Dios, se cae en la soberbia de negar su existencia.

La guerra siempre ha sido un gran negocio en la fabricación de armas, maquinaria y equipo bélico, dominio de nuevos territorios y apropiación de los avances culturales ajenos. Y cada vez se aplican investigaciones para ser la nación más poderosa, al servirse de la guerra y la muerte, dada la obsesión o exceso de ambición humana. por encima del objetivo de paz en la tierra. ¿Entonces de quien nos guiaremos?

b. Ambición desmedida de lucro

Lo que sintetiza nuestra preferencia por las guerras, batallas y violencia a los otros, es la ambición desmedida como mecanismo de fondo y esta ambición se asocia con el concepto de avaricia, que se define como el *"Afán desmedido de poseer y adquirir riquezas para atesorarlas."* [12]

El Catecismo de la Iglesia Católica, en su numeral 1866, incluye **los Siete Pecados capitales** (se verán en capítulo III), uno de los cuales, la avaricia, es muy asociable con el lucro. Nos dice un gran escritor y economista panameño ya fallecido, Ramón H. Jurado, en su libro: *"El Lucro. Constante de la dinámica occidental"*, que ese apego a la riqueza o ambición desmedida por tener más ha movido los avances de

---

[12] REAL ACADEMIA ESPAÑOLA DE LA LENGUA: *Diccionario de la lengua española*. Edición Tricentenario. Actualización 2021. Ver en Bibliografía digital.

la sociedad, a través de grandes imperios de la historia, guerras, invasiones, saqueos, etc.

Como bien indica el Evangelio de Mateo, capítulo 6:19-21:

"No junten tesoros y reservas aquí en la tierra, donde la polilla y el óxido hacen estragos, y donde los ladrones rompen el muro y roban. Junten tesoros y reservas en el Cielo, donde no hay polilla ni óxido para hacer estragos, y donde no hay ladrones para romper el muro y robar. Pues donde está tu tesoro, allí estará también tu corazón."

Y agrega:

"Nadie puede servir a dos patrones: necesariamente odiará a uno y amará al otro, o bien cuidará al primero y despreciará al otro. Ustedes no pueden servir al mismo tiempo a Dios y al Dinero." (Evangelio de Mateo 6, 24).

El dinero es fuente de bienestar, pero su deseo excesivo, ambicioso o egoísta, es raíz del mal. Por ejemplo hay actividades muy lucrativas, pero criminales, como el narcotráfico, los abusos mencionados del comercio o la corrupción, cuya raíz es la ambición desmedida o enfermiza por poseer cada vez más. Dice un dicho del pueblo que:

"Quien no tiene y llega a tener, loco se ha de volver." Literalmente pierde la cabeza, su dignidad y realmente su paz.

La Biblia brinda otras enseñanzas como la del administrador necio en el Evangelio de Lucas 12, 16-20:

"A continuación les propuso este ejemplo: "Había un hombre rico, al que sus campos le habían producido mucho. Pensaba: ¿Qué voy a hacer? No tengo dónde guardar mis cosechas. Y se dijo: Haré lo siguiente: echaré abajo mis graneros y construiré otros más grandes; allí amontonaré todo mi trigo, todas mis reservas. Entonces yo conmigo hablaré: Alma mía, tienes aquí muchas cosas guardadas para muchos años; descansa, come, bebe, pásalo bien." Pero Dios le dijo: "¡Pobre loco! Esta misma noche te van a reclamar tu alma. ¿Quién se quedará con lo que has preparado?"

Cuantas invasiones de pueblos, incluso hoy pasa con Rusia, Ucrania, China, Taiwán y pasó antes con Estados Unidos y México y en tantas guerras fronterizas.

c. **Economía y sentimientos morales**

La ética posee dos acepciones como disciplina filosófica y como praxis.

- *"Disciplina filosófica que estudia el bien y el mal y sus relaciones con la moral y el comportamiento humano. "Aristóteles fue el fundador de la ética."*
- *Conjunto de costumbres y normas que dirigen o valoran el comportamiento humano en una comunidad."* [13]

La ética se asocia perfectamente con la moral y las buenas costumbres. Lo ético es conveniente pero es sacrificado por la ambición.

Al buscar la similitud o diferencia entre ética y moral, observamos que prácticamente son sinónimos.

---

[13] OXFORD LANGUAGES & GOOGLE: *Diccionario de Español de Google*. Definición de ética. Ver Bibliografía digital.

"En resumen, etimológicamente "ética" querría decir, conjuntando sus dos posibles etimologías, "carácter", "morada" o "costumbre". Por otro lado, "moral" significaría "costumbre", pero habría también un sentido en el que significaría "carácter". En otras palabras, etimológicamente los dos términos no difieren mucho uno del otro, tienen significados muy semejantes. No parece haber habido un sentido diferenciado en los términos "ética" y "moral" en el mundo clásico (de hecho los griegos poseían sólo el término ética), ni es claro que cuando Cicerón introduce el término "moral", "para que se enriquezca la lengua latina", haya pensado en usarlo con un significado radicalmente diferente que el que tenía "ética", entendida como el estudio de las costumbres." [14]

El citado autor Nicolas Maquiavelo escribe El Príncipe, para aconsejar al príncipe de Florencia (en Italia) y a partir de esta obra se dice que se generó la gran separación entre la política y la ética. En este "manual" él establece consejos prácticos y razonados que han pasado a ser ejecutados por los políticos de épocas posteriores y la actual. El llega a establecer que un comportamiento político no tiene por qué ser ético. El

---

[14] ORTIZ MILLAN, Gustavo: *Sobre la distinción entre ética y moral*. Página 5.

famoso aforismo atribuido a Maquiavelo, que dice: "*el fin justifica los medios*", pudo haber sido un consejo práctico, pero se universalizó para sustentar las malas praxis de gobernantes, dictadores, empresarios corruptos, etc.

A partir de este divorcio con la moral, se abren las puertas del infierno, cuando los políticos sienten que lo importante es buscar su beneficio, o como dicen algunos de ellos en cada situación: "*que hay pa' mi?*"

Con respecto a la Economía, el llamado padre de las ciencias económicas Adam Smith, sitúa al egoísmo como factor clave del bienestar general, al asumir que la buena competencia individualista, favorece la calidad que se ofrecerá a los clientes. Si lo vemos en términos maquiavélicos (el fin justifica los medios), la competencia puede ser de diversas formas, apartando los valores de honestidad, justicia y amor al prójimo.

Tanto la política como la economía fueron absorbidas por un tornado de errores, que quizá no afectaron de inmediato al que los practicó, disimuló, pagó, o se desenvuelve en un sistema corrupto; pero roba a muchos, dada una ignorancia basada en el materialismo y egoísmo mencionados y alejada de los valores cristianos.

En su otra gran obra previa a la citada: "*Teoría de los sentimientos morales*", Adam Smith, planteó la importancia de la vida en comunidad y a su vez alaba a la sabiduría y la virtud para vencer los vicios:

"*¿Acaso puede existir otra institución de gobierno más adecuada para fomentar la felicidad humana que la preponderancia de la sabiduría y de la virtud? Todo gobierno no es sino un remedio imperfecto a la falta de éstas. Por tanto, la belleza que pueda corresponder al gobierno civil a causa de su utilidad, necesariamente deberá corresponder en mucho mayor grado a la sabiduría y a la virtud. Por el contrario, ¿qué otro sistema político puede ser más ruinoso y destructivo que los vicios de los hombres? La única causa de los efectos fatales que acarrea un mal gobierno, es que no imparte suficiente protección contra los daños que da lugar la maldad de los hombres.*" [15]

Es importante observar las motivaciones de Smith, padre de las ciencias económicas en su libro sobre la riqueza de las naciones, para justificar la competencia y lucro basadas en el egoísmo o individualismo; pero antes escribió su obra sobre

---

[15] SMITH, Adam: *Teoría de los sentimientos morales*. Página 78. (Remarcado mío). Ver Bibliografía digital al final.

los sentimientos morales, que plantea la importancia de la sabiduría y la virtud. Si bien no hace alusión a la fe cristiana, se entiende el enfoque de moral necesario para alcanzar el balance.

Que difícil ha de ser que los políticos hablen lo real, aunque pierdan la elección. En el siguiente periodo van nuevamente con su discurso más "creíble" que el que engañó y ahora está al descubierto. (el problema gira hacia el clientelismo -votos en espera de nombramientos en el gobierno- de empleos generalmente improductivos). Igual la empresa que es sincera con sus clientes, a la larga tendrá mayor fidelidad, con una publicidad no pagada pero obtenida por la calidad de sus bienes o servicios.

La frecuencia de lo espiritual, promovido por la iglesia y las familias, pero además fuertemente apoyado por el estado y las empresas, hará ciudadanos más correctos, respetuosos de las leyes, el pago de impuestos, el precio justo, la calidad de sus productos. La economía será lo eficiente que debe ser.

Así lo plantea el poderoso Compendio de la Doctrina Social de la Iglesia Católica (DSI):

"El libre mercado es una institución socialmente importante por su capacidad de garantizar resultados eficientes en la producción de bienes y servicios." [16]

"La doctrina social de la iglesia, aun reconociendo al mercado la función de instrumento insustituible de regulación dentro del sistema económico, pone en evidencia la necesidad de sujetarlo a finalidades morales que aseguren y, al mismo tiempo, circunscriban adecuadamente el espacio de su autonomía." [17]

La DSI plantea una dimensión moral de la economía en pro de su eficiencia. La fe acompañada de la vida en iglesia facilita el alcance de estas metas de virtud, que si bien no lo menciona específicamente Smith, si lo hace de la sabiduría y la virtud. **La ambición materialista, que abarca al dinero, el poder y el placer, puede ser frenada a la fuerza, por un gobierno autocrático poderoso, pero al hacerlo, está practicando lo que combate. La única forma es entonces el desarrollo espiritual que proviene de la fe en Dios.**

---

[16] PONTIFICIO CONSEJO DE JUSTICIA Y PAZ: *Compendio de la Doctrina Social de la Iglesia*. Página 216.
[17] Ibídem, página 217.

Algunas personas dudan sobre la necesidad de la fe para lograr un comportamiento moral suficiente y expresan que no es necesario buscar y obedecer a Dios, para que sean buenos o que el mundo sea mejor. En ese sentido veamos como dice el ingeniero Luis Cleghorn que:

"Para Giovanni Martinetti, por el contrario, "la moral sin Dios no es obligante, porque la misma conciencia que la crea la puede modificar o destruir." Cuando hablamos de religión hablamos de trascendencia.

Ahora la moral o ética se maneja interiormente sin referencias absolutas; sin Dios que le de sentido y sin las tradiciones que actúan sobre el corazón y dictan la actuación correcta.

Dijo con razón Dostoievski que "si no hay Dios, todo es lícito". Este argumento sobre la presencia de Dios como limitante de la autonomía de la ética resulta un tanto estéril, pues sus defensores ven a Dios como un ser externo a la persona, que le dicta siempre imperativamente lo que hay que hacer. Sin embargo, para los creyentes, Dios es un ser que vive en su interior, forma parte de cada uno y no actúa imperativamente; solo sugiere la actuación correcta y respeta la libertad que Él otorgó al hombre para tomar sus propias decisiones, esperando pacientemente su docilidad. Son, por consiguiente, dos posiciones antagónicas de muy difícil reconciliación." [18]

Cierra diciendo mi amigo, el ingeniero Cleghorn:

"La ética es una condición interior, no puede ser impuesta desde fuera. Ante un código moral al cual atender, es el individuo el que decide su conformación o no al mismo. Las ataduras del hombre a las normas y conductas éticas se han debilitado, dando lugar así a una autonomía excesiva, en la cual el hombre salta por encima de la conciencia, para hacer lo que él considera conveniente en el momento, por otras razones. La autonomía del hombre le permite desobedecer la conciencia las veces que desee, debilitándola cada vez que así lo hiciere. Esta es la razón de la debilidad actual de la conciencia colectiva que nos lleva a la corrupción institucionalizada" [19]

---

[18] CLEGHORN E., Luis Eduardo: *Gestión Ética para una organización competitiva*. Página 41. (Remarcado mío).
[19] Ibídem, p. 41.

Capítulo III

Sabiduría es más que inteligencia

a. ¿De dónde viene todo lo que vemos?

El primer libro de la Biblia, Génesis (significa origen), en sus páginas iniciales presenta varias claves integrales del mensaje divino:

- Antes de la creación, **todo era caos y tinieblas**.
- La creación implanta un Reino de **Orden**, con respeto y clasificación de las cosas según su función y nombre.
- Dios da al hombre creado el **libre albedrío**, o sea que es libre de hacer.
- **El hombre y la mujer son indiscutibles reyes de lo creado**, por encima de los animales y plantas.
- Dios siempre **ve lo que es bueno** y da instrucciones a Adán y Eva.
- **Sabiduría** es conocimiento de la diferencia entre el bien y el mal, y saber optar por el bien.
- La desobediencia a Dios, genera el pecado y la muerte.

- La fuerza del Diablo se manifiesta por el **engaño** de hacer creer a la pareja que si desobedecen serán como dioses. Ellos caen en esa soberbia.

- El designio dado por Dios es **ganar el pan** con el sudor de la frente, o sea trabajar dignamente para ganar el sustento. He aquí un tema económico importante.

- La primera lucha anunciada entre los hermanos Caín y Abel, es por la envidia del primero hacia su hermano. De allí prosigue el pecado su desarrollo.

Para resumir, la creación es un orden, el hombre es el sujeto o protagonista de todo lo creado y tiene la libertad para hacer, pero Dios siempre advierte lo que es bueno.

Hay quienes tienen reservas para creer en lo planteado y prefieren aceptar que es pura casualidad, lo que es totalmente absurdo. Son los ateos y agnósticos, que prefieren hablar de una explosión espontánea que creó la vida y todo, lo que te obliga a pensar: !Como tantos detalles que observamos en nuestra vida y la naturaleza, son casualidad!?

En términos conceptuales la fe es creer en lo que no se ve, como lo dice la Biblia:

"La fe es aferrarse a lo que se espera, es la certeza de cosas que no se pueden ver." (Carta a los Hebreos, 11, 1)

El problema real entre ateos y agnósticos, es que para ellos la vida solo existe en la esfera material y se encierran en el famoso método científico de observación y evidencias, quedando ciegos o cerrados al resto de posibilidades y realidades. Este enfoque de la pura esfera material, les impide observar y corroborar el componente metafísico o sea espiritual, que solo entonces cuadrará con los fenómenos inexplicables o paranormales, tantas veces esquivados por la ciencia.

Los grandes científicos como Louis Pasteur, Isaac Newton, Gregor Mendel, Alexander Fleming, George Lemaitre, Alexis Carrel, Teilhard de Chardin, Erwin Schrödinger, Santiago Ramon Cajal, Max Planck, Niels Bohr, Nikola Tesla, Francis Collins y Manuel Carreira, muchos de ellos premiados con el Nobel, aceptaban y entendían que la existencia de Dios sobrepasa a la ciencia, porque creer en la casualidad es más disparatado que creer en un ser superior espiritual.

Al observar nuestra vida y su entorno, quedamos plenamente convencidos que hay algo muy superior a nuestro intelecto:

- Como un espermatozoide se une a un óvulo e inicia la vida, con toda su complejidad desde el vientre materno, con 9 meses de transición, luego el alumbramiento y sucesivamente el crecimiento del infante hasta su época adulta. Eso es extraordinario para una persona racional.
- Como cada amanecer brilla el astro sol, para calentar, permitir el crecimiento de las plantas, dar luz al día laboral y más, con una precisión que es imposible provenga de la casualidad.
- Como una herida sana gracias al gran sistema inmunológico que tantas veces el hombre altera.
- Como el planeta tierra sostiene una órbita que le permite ser físicamente estable y que jamás podría haber tenido su origen por casualidad.
- Como el cerebro humano, puede producir toda la tecnología conocida a partir de la combinación de materias y elementos ya existentes. Jamás podría ese cerebro provenir de la casualidad y creer en eso sí es una verdadera fe ciega e irracional.
- Como en nuestros maravillosos cuerpos, los sistemas digestivo, respiratorio, circulatorio, nervioso, excretor, y otros, funcionan de manera armónica.
- Cómo existe un mundo microscópico en el que habitan grandes especies de microbios, bacterias y

virus, que ayudan a descomponer la materia inerte y otras funciones.

Un gran estudioso de la relación entre ciencia y fe, fue el astrofísico español Dr. Manuel Carreira, también sacerdote jesuita fallecido en el 2020.

Podemos ver aquí su bibliografía:

https://es.wikipedia.org/wiki/Manuel_Carreira.

Adjunto un interesante vídeo donde el Dr. Carreira responde con claridad una gran pregunta: "*¿Hay contradicción entre ciencia y Biblia?*"

https://www.youtube.com/watch?v=O33ZPN3gmTE

Debemos entender la importante diferencia entre inteligencia (humana y limitada) y sabiduría eterna (solo atribuible al Ser superior, integral, perfecto, omnipotente, eterno e infinito). Es evidente que **los científicos se atribuyen creaciones que en realidad son descubrimientos y que tienen un autor grandioso, que al negarlo, le están robando sus derechos de autor sagrado.**

b. Orden y libertad

Para los seres humanos, una de sus posesiones más valiosas indiscutiblemente es **la libertad** y cuando existan amenazas de perderla, nos invadirá la desesperación y podemos caer en el extremo de la violencia física hacia un semejante o incluso al suicidio.

Desde el momento en que sentimos y promovemos la libertad como ilimitada, atraemos los problemas porque como reza una máxima verdadera: "mi libertad termina donde empieza la del vecino". **O sea que toda libertad tiene límites, basados en la responsabilidad u orden que la acompaña y en el hecho real de que somos seres sociales y nos debemos a grupos.** Todo ello bien tramitado logra el balance para la vida sostenible.

Nuestra sociedad promueve el individualismo, que ama su propia libertad, pero olvida que somos seres sociales. Para que la libertad sea sostenible y eficiente, debe ser acompañada del orden. Este orden atrae el bien, como vemos con el Génesis: "*y vio Dios que era bueno*". El referente de todo lo bueno es Dios y el hombre obediente a Él es santo; que ojo, no significa perfecto pero si en tensión por mejorar continuamente.

Sin orden, la libertad se desfigura y se transforma en libertinaje, o sea el abuso del otro e incluso de sí mismo, como es el caso de los que se exceden en beber alcohol, en el sexo sin frenos, la pornografía, la ambición desmedida de riquezas, etc. O sea desórdenes que te dañan físicamente (cirrosis, sida, cáncer de próstata, etc.), económicamente (golpe al presupuesto familiar), mentalmente (preocupación y ruptura familiar, drogadicción) o espiritualmente (ansiedad inexplicable).

El Catecismo de la Iglesia Católica enseña excelentemente los antes mencionados Siete Pecados capitales (cabeza o raíz de todos los pecados o males conocidos), que resumo como **SALIGEP**, o sea: Soberbia, Avaricia, Lujuria, Ira, Gula, Envidia y Pereza.

El pecado es el exceso de algo, que si bien no daña a Dios (aunque lo ofende nuestra desobediencia), me daña a mi, a mi familia y al prójimo. En ese sentido puedo enmarcar cada pecado y su exceso:

- Tener amor propio es bueno, pero remarcar o restregar mi superioridad a los demás es Soberbia.

- Ahorrar dinero para necesidades futuras es bueno, pero acumular riquezas con ambición enfermiza, incluso buscando como quitar a otro las suyas, eso es Avaricia.
- Tener relaciones sexuales atendiendo el llamado hormonal es lógico, pero perder la cabeza por masturbarme, acostarme con alguien con engaño o incluso a la fuerza (violación carnal), es Lujuria.
- Disgustarse con familiares, amigos o desconocidos, es humano, dependiendo del daño posiblemente recibido, pero arrebatarme y golpear, dañar bienes ajenos o incluso matar al que sentimos nos arrebata la paz, eso es Ira.
- Tener hambre o sed es una necesidad biológica, pero querer comer o beber hasta hartarse, generando indigestión, despilfarro, etc., eso es Gula.
- Admirar lo lindo o lujoso que puede ser o tener otra persona es lógico y sano, pero enfadarse y querer por eso dañar de cualquier forma al otro, es Envidia.
- Descansar después de trabajar y ganarse el pan con el sudor de la frente (designio grandioso de Dios), es justo y necesario, pero buscar siempre la forma de evitar el trabajo, con subterfugios y mentiras, eso es Pereza.

El pecado no nace de lo mesurado, ordenado, balanceado o lógico de nuestras múltiples prácticas de vida, sino **puramente del exceso desordenado.** Para entender al Dios de Amor y orden, entendamos que todo buen padre de familia, no quiere que los instintos desordenados dañen sus hijos. Y el daño que autoinflingimos, generalmente alcanza a quienes nos rodean. El Señor siempre nos espera y aconseja e incluso permite la enfermedad en nosotros, para darnos la oportunidad de que en la cama alcancemos la fe para luchar junto con Él, contra nuestra voluntad débil e inmadura.

El orden sin libertad nos hace robots o seres mecánicos, sin iniciativa, creatividad o motivación. **Imaginemos que el Dios de Amor nos hubiera creado robots obedientes sin libre albedrío, sería muy triste.**

En resumen, ambas fuerzas son importantes y se complementan, sin embargo la mayor de todas las fuerzas o dones dados por el buen Dios, más que el orden y la libertad, lo es el Amor.

c. Amor vs. rencor

El amor es la mayor de nuestras posesiones, sea que lo reconozcamos o no. Si somos capaces de considerar el amor que tuvo nuestra madre por nosotros, al cuidarnos con dedicación o sacrificio para que estuviéramos bien, por encima de su cansancio, incluso 9 meses antes de nacer y posteriormente más tiempo, entendemos que es realmente el amor. Incluso el parto doloroso, que sufrió para coronar su anhelo de ser madre. En la vida observamos la existencia de algunas damas que tienen hijos y reniegan ese gran Don de Dios. En muchos pueblos se les llama "*mala madre*", porque demuestran la ausencia del amor materno, el más puro transmitido por los seres humanos. Generalmente sus hijos reproducen esa terrible herencia social.

Otro ejemplo de amor es el del amigo capaz de arriesgar su vida para ayudarnos en un momento de alto riesgo en que estemos. O el de aquellos que abandonan sus riquezas para servir a los más necesitados. Vidas ejemplares como San Francisco de Asís, Teresa de Calcuta y muchísimas otras abundan y son observables al que acepte que es lo más importante.

Una afirmación ejemplar de Jesucristo fue: "*No hay amor más grande que aquel que da su vida por sus amigos*". (Evangelio de Juan 15:13-17). Y la cruz habla mucho de ello, por eso se puede afirmar que la sabiduría de Dios es su amor infinito.

En internet hay una película del actor norteamericano Kevin Sorbo, que **ejemplifica por qué un ateo, agnóstico o no creyente, guarda un rencor profundo** en su ser íntimo (corazón o subconsciente), que le impide aceptar la existencia del Ser supremo. La excelente película es cristiana evangélica, se llama "*Dios no está muerto*" y pertenece a una saga de 4 películas. Ilustra que dónde hay rencor es imposible reconocer la esencia de Dios.

El mismo concepto del amor sufre desde hace años las afectaciones que crea la vida material y el libertinaje, cuando somos capaces de confundir la mayor acción que debe resumir nuestra vida, "*Amaras a tu prójimo como a ti mismo*" (Rom 13, 9) y cambiar su sentido abarcador, por la mera actividad sexual de hacer el amor, que en la realidad es hacer el sexo. La realidad del amor de Dios y del amor humano se reduce y degrada en la relación o aventura sexual, centrada en el placer y el dinero. Sin embargo **el amor no niega esa relación, pero le da un orden, con el matrimonio y su**

objetivo de procrear, acompañado del placer, pero en ese orden: procrear con placer. El Cantar de los cantares de la Biblia, ilustra bien el porque Dios quiere que haya placer y atracción sexual, pero aborrece el desorden llamado "fornicación", por lo que con mayor precisión se debe decir: vamos a fornicar.

Para entender el amor de forma trascendental, es muy importante que consideremos lo que dice el apóstol Pablo sobre el amor verdadero:

Carta a los Corintios 1 (13, 1-13):

"Aunque hablara todas las lenguas de los hombres y de los ángeles, si me falta el amor sería como bronce que resuena o campana que retiñe.
Aunque tuviera el don de profecía y descubriera todos los misterios y la ciencia entera, aunque tuviera tanta fe como para trasladar montes, si me falta el amor nada soy.
Aunque repartiera todo lo que poseo e incluso sacrificara mi cuerpo, si lo hago para gloriarme, sin tener amor, de nada me sirve.
El amor es paciente y muestra comprensión. El amor no tiene celos, no aparenta ni se infla. No actúa con bajeza ni busca su propio interés, no se deja llevar por la ira y olvida lo malo.

No se alegra de lo injusto, sino que se goza en la verdad. Perdura a pesar de todo, lo cree todo, lo espera todo y lo soporta todo.
El amor nunca pasará. Las profecías perderán su razón de ser, callarán las lenguas y ya no servirá el saber más elevado. Porque este saber queda muy imperfecto, y nuestras profecías también son algo muy limitado; y cuando llegue lo perfecto, lo que es limitado desaparecerá.
Cuando era niño, hablaba como niño, pensaba y razonaba como niño. Pero cuando me hice hombre, dejé de lado las cosas de niño. Así también en el momento presente vemos como en un espejo, confusamente, pero entonces las veremos cara a cara. Ahora conozco en parte, pero entonces conoceré como soy conocido.
Ahora, pues, son válidas la fe, la esperanza y el amor; las tres, pero la mayor de estas tres es el amor."

Indiscutiblemente **el mensaje de fondo en la Biblia es el amor**. Y cuando la forma sublime y digna del amor es sustituida y denigrada, el cliente le dirá a la prostituta: hagamos el amor; igual hará el "amante" aventurero. En las películas de Hollywood es normal que un encuentro entre dos extraños concluya en la cama para *"hacer el amor"*; igual se dirá en las canciones de diversos estilos o géneros, sean salsa, balada, música típica o reggaeton, etc., hacer el amor es hacer el sexo o placer pasajero y vacío. ¿Dónde queda el propósito trascendental del ser humano?

De esta manera se trastoca y nubla la razón de ser y vivir humana por un enfoque material, vacío, irresponsable y de consecuencias obvias (divorcios, abortos, enfermedades sexuales, pobreza y por ejemplo denigrar la mujer como objeto comercial, etc.). Si Dios es amor y nos pide amar al prójimo y si Jesucristo murió enseñando lo que es el amor verdadero, nosotros estamos desvirtuando todo hacia la mera carne y el placer desordenado. Después nos preguntamos, ¿Dónde estaba Dios?, cómo se llegó a manifestar con posterioridad a la tragedia de las Torres gemelas en Nueva York, del 11 de septiembre de 2001.

Es maravilloso leer como Gandhi veía la fuerza del amor:

"El hecho de que sigan viviendo todavía tantos hombres en nuestro planeta demuestra que el mundo tiene como fundamento, no ya la fuerza de las armas, sino de la verdad y del amor. El que siga viviendo todavía nuestro mundo, a pesar de tantas guerras, demuestra palpablemente y de la manera más irrefutable que esta fuerza es victoriosa." [20]

---

[20] GANDHI, Mahatma: *Que es el amor.* Página 4.

Capítulo IV

Economía de Dios

a. Creced y multiplicaos

Usted es consciente o ha pensado alguna vez en lo maravilloso que es vivir feliz? Y además ha considerado que quien creó todo lo conocido y más, podrá lograr hacer cosas para siempre?

De ser afirmativas sus dos respuestas de fe, agregue la reflexión de cierre: **la eternidad requiere calidad espiritual**. O sea si en esta vida, que tengo muchas posibilidades de ser feliz, vivo negativamente, alejado del buen espíritu (los sacramentos, la caridad, la honestidad o en resumen el amor al prójimo), no tengo entonces calidad espiritual. ¿Cree usted que el creador de todo bien, necesita la continuidad eterna de los alejados libremente de sus instrucciones dadas con amor de tantas formas y coronadas con la gran pasión de Jesucristo?

Habrá muchos que pasarán a disfrutar del Reino de Gloria, que los ojos humanos vivos no han visto. Y eso **es lo que veo como Economía de Dios, cuyas cualidades son amor, orden, justicia, misericordia,** pero como creador por excelencia de tantas cosas buenas, incluido el hombre (no es un robot), con libre albedrío (voluntad), que al morir físicamente, queda ubicado según su fe, o sea su grado de santidad, que implica realmente mejoras diarias y lucha persistente.

Dice el evangelio de Mateo, capítulo 5, 20:

"Yo se lo digo: si no se proponen algo más perfecto que lo de los fariseos o de los maestros de la Ley, ustedes no pueden entrar en el Reino de los Cielos."

Aquí es importante saber que en la lucha por la santidad, cada cual debe estudiar sus pecados capitales predilectos y buscar la ayuda para combatirlos. Ningún santo de la historia ya reconocido o no, fue perfecto, como bien dice La Biblia, todos somos pecadores, solo Dios es perfecto.

Dice San Pablo en su carta a los Romanos capítulo 3, 11-12:

"No hay nadie bueno, ni siquiera uno. No hay ninguno sensato, nadie que busque a Dios. Todos se han extraviado, ya no sirven para nada. No hay quien obre el bien, ni siquiera uno."

Por la esperanza en el Reino de Dios, es que los verdaderos cristianos cumplimos cada día más y luchamos por crecer en la fe. Obviamente, vendrán cada día recaídas y tentaciones del demonio, pero los principios que rigen la fe, como son los sacramentos de la Eucaristía, confesión y otros, nos ayudan a levantarnos como Lázaro.

La ciencia viene de Dios y en ese sentido cito a continuación algunos párrafos escogidos referidos por uno de los grandes propulsores de **El Proyecto Newton** (The Newton Project), el profesor Robert Iliffe de la Universidad de Oxford, entrevistado por la BBC News para el artículo: "*Este es el lado religioso de Isaac Newton, un devoto muy poco convencional*".

En el referido proyecto se busca resaltar la grandeza y el genio del gran físico, filósofo, teólogo y matemático inglés, que descubrió la ley de la gravedad, enunció sus famosas 3 leyes del movimiento e inició el desarrollo del cálculo infinitesimal, entre sus grandes aportes. Se dice que fue poco convencional por ser un gran científico a nivel de toda la historia y a la vez un fuerte devoto cristiano protestante. Esto se plantea en el excelente artículo del diario El Universal, del que escogí frases relevantes y agregué las viñetas: [21]

Grandeza y genio de Isaac Newton:

---

[21] DIARIO EL UNIVERSAL: "*Este es el lado religioso de Isaac Newton, un devoto muy poco convencional.*" (Ver Bibliografía digital).

- Para Newton, Dios creó el mundo de acuerdo con un plan divino, el cual "se puede leer" en la Biblia, "pero también en la naturaleza", en la manera en que ha sido creada."
- En el ensayo académico Newton's Religious Life and Work, Iliffe señala que en la segunda edición de Principia (1713), Newton abordó "directamente la existencia y la naturaleza de un Creador benigno y científicamente experto en el maravilloso orden del mundo visible".
- Newton escribió: "El Dios supremo es un Ser eterno, infinito, absolutamente perfecto".
- "En lo que llamamos la teología natural, que es leer la existencia y los atributos de Dios a partir del mundo creado, Newton ofreció pruebas nuevas para los estándares de la época y probó para su propia satisfacción y la de otros que Dios era un matemático y un físico, obviamente un matemático y físico consumado". Y eso es clave para entender el pensamiento religioso de Newton.
- "En el mundo secular moderno pensamos que entre más aprendemos de la naturaleza, más apoyamos la secularización, la idea de que los

seres humanos están en control del mundo y que ellos mismos son capaces de entender un mundo que ha existido hace muchísimo tiempo y que no fue creado por Dios", señala el experto en conversación con BBC Mundo.

- "Pero para Newton y sus colegas, es exactamente lo contrario: entre más aprendes sobre la estructura del sistema solar, la vía láctea, la anatomía del cuerpo, la ecología, se hace cada vez más obvio que esto no pudo haber surgido por casualidad y que es producto de una inteligencia que lo diseñó".

- También la percibieron como una "inteligencia cuidadora" -indica el profesor- porque "Dios ha creado, por ejemplo, el sistema solar de una manera que es perfecta para que el tipo de belleza de la vida prospere y esa es en gran parte la opinión de muchas personas en Reino Unido y otras partes hasta principios del siglo XIX".

- En la Ilustración hubo mucha gente con una visión diferente, en la que Dios es una fantasía, y allí Iliffe encuentra una fascinante paradoja: "esos filósofos, esas figuras anticlericales de la Ilustración,

- *muchos de ellos profundamente antirreligiosos, creen en una Ilustración cuyo creador es Isaac Newton".*
- *Newton se percibió a sí mismo como un hombre profundamente piadoso.*
- *Iliffe aclara que la pregunta entonces no es: ¿cómo este genio científico realizó todo ese trabajo bíblico en su tiempo libre? sino: ¿cómo este intensamente devoto erudito cristiano hizo filosofía natural o matemáticas cuando su vida estaba dedicada, como se puede ver en The Newton Project, a la religión, al estudio religioso?*
- *"No es que haya desperdiciado su tiempo en religión, sino que es la religión, su convicción, su ambición, su imaginación, el impulso que proviene de esa sensibilidad religiosa, lo que le permite hacer cosas como inventar el cálculo, descubrir la gravitación universal y los principios que la sustentan, las leyes del movimiento y así sucesivamente".*

El Catecismo de la Iglesia Católica se refiere a los mencionados Siete Pecados capitales como cabeza del resto, que de ellos se derivan. Por ejemplo de la soberbia y la pereza nacen las mentiras y la vanidad, de la ira el homicidio, de la envidia el robar, de la lujuria el desear la mujer del prójimo, etc.

En el magisterio de la Iglesia a su vez, **con la aportación del papa San Gregorio Magno** (540 a 604 D.C., declarado Doctor de la Iglesia), **se plantean las Virtudes Capitales, que son el antídoto de estos pecados o vicios**. Conocerlas y luchar por aplicarlas no es fácil, pero ir progresivamente es la clave para combatir los pecados.

Pecado Capital	Virtud Capital
Soberbia	Humildad
Avaricia	Generosidad
Lujuria	Castidad
Ira	Paciencia
Gula	Templanza
Envidia	Caridad
Pereza	Diligencia

El mandato divino de "creced y multiplicaos", posee un gran enfoque económico de partida, crecer en población pero consecuentemente en recursos para así procurar la producción y el consumo de alimentos, vivienda, educación, salud, diversión, etc. Y para eso el buen Dios nos da nuestro gran cerebro, la multiplicidad de recursos naturales y las importantes enseñanzas de convivencia evangélicas, que favorecen el cumplimiento de su recomendación. Pero todo esto es afectado por la soberbia y el resto de los otros seis pecados capitales. Solo creceremos si obedecemos a Dios.

b. Ganarás el pan

Muchos se preguntan si el trabajo es un castigo o un don de Dios. La respuesta es que **el trabajo humano es el empoderamiento que el Creador da a su obra máxima, el ser humano, para que junto con la naturaleza y a partir del gran regalo: su cerebro (que ha ido acumulando conocimientos con sus grandes descubrimientos a través de toda la historia), pueda satisfacer sus necesidades**, desde las básicas fisiológicas, hasta las espirituales de autorrealización, paz y bienestar.

La Biblia es realmente el manual de instrucciones del fabricante, escrito hace miles de años y vigente siempre. Para producir cada día más y mejor, debemos trabajar y para trabajar, debemos estudiar, investigar y generar tecnología, pero con amor al prójimo, honestidad, respeto y responsabilidad, solo así el trabajo será ganado propio y la vida prosperará con dignidad, equilibrio y sostenibilidad.

Hay muchas profesiones y oficios para laborar, pero algunos no son realmente dignos de un humano y no me refiero a la limpieza, labores manuales, etc. sino a actividades como la prostitución, la pornografía, los stripper, el abortismo, el robo, el narcotráfico, que denigran o afectan al prójimo. La mujer al prostituirse por necesidad económica destruye su fe coherente, asimismo los desnudistas a sueldo o los que asesinan desde el vientre, los que roban la cartera o pertenencias que guardan el esfuerzo ganado de gente trabajadora. Y decía un sacerdote, el ladrón no solo te roba lo material, sino que muchas veces te roba la paz y esperanza para seguir luchando; eso es muy duro y triste.

Hay trabajos grandiosos como el del educador, el médico, el constructor, arquitecto, ingeniero, aviador, cocinero, aseador, recolector de basura, y muchos más, que son altamente dignos y facilitan la fe de cada ciudadano, que no sólo debe agradecer el sueldo o salario recibido, sino el poder aportar y mejor aún ganarse la vida, donde servir es amar al prójimo.

Como mencione en el capítulo I, la tecnología está absorbiendo puestos de trabajo y por tanto debemos detenernos a pensar en varias cosas, una es el crecimiento del trabajo informal (llamado así por la baja educación del ocupado, el no pago de impuestos y la falta de cobertura de la seguridad social), otra es el incremento de la pobreza, la mala educación, pérdida de salud, y hasta la depresión de los habitantes.

Se habla de políticas para disminuir la población, con lo que la tecnología está robando vidas mientras aumenta ganancias. A su vez es justo reducir la vergonzosa pereza y el abuso del confort y la diversión diaria. Pero también se deben aplicar formas de bajar el ritmo y voracidad de la robótica en la producción, para permitir al humano ganar el pan. De no ser así, cada vez habrá más pobres, hambre, muerte y caos social.

Con la claridad y elocuencia que lo caracteriza, el papa Francisco recalca la importancia de ganarse el pan y recomienda que los gobiernos fomenten la cultura del trabajo, así como del descanso merecido:

"El desocupado en sus horas de soledad, se siente miserable, porque "no se gana la vida". Por eso, es muy importante que los gobiernos de los diferentes países, a través de los ministerios competentes, fomenten una cultura del trabajo, no de la dádiva. [...] Junto con la cultura del trabajo, se debe tener una cultura del ocio como gratificación. Dicho de otra manera: una persona que trabaja debe tomarse un tiempo para descansar, para estar en familia, para disfrutar, leer, escuchar música, practicar un deporte." [22]

La tecnología es buena pero debe verse con mesura y sabiduría. Cada vez hay más migración de personas como la conocida a Estados Unidos, que es muy grave para los miles de seres que están en busca de un trabajo para ganar el sustento, pero cada vez será peor. **Los que formulan las políticas públicas parecen tener mucho amor en sus corazones, pero por el dios dinero, no por el Dios de amor al prójimo.**

Si sumamos la contaminación, aumento del calor en los polos, la muerte de especies marinas y terrestres y la escasez o

---

[22] NOVA NOVA, Gustavo: *Papa Francisco. El poder del amor como servicio.* Págs. 30-31.

encarecimiento del agua potable, ha llegado el momento de obedecer al más sabio.

c. El buen samaritano

Muy poco llama la atención o ni se quiere reconocer, la labor que realizan las religiosas en los asilos y orfanatos, en cárceles y en hospitales, donde está el verdadero sufrimiento. Nadie se quiere acordar pero siempre hay alguien que sirve y no hace bulla ni cobra. Es el buen samaritano, pero hay pocos.

El sentido del cristianismo pasa por servir sin interés propio, sino del bien común. **Si vemos las modernas prácticas de la Responsabilidad Social Empresarial (RSE), podemos entender el poder del buen servicio**, orientado a una responsabilidad del empresario, de forma tal que considere cuatro grandes componentes: cliente, empleado, gobierno y ambiente. Eso lleva a una sostenibilidad de las actividades.

Si consideramos el argumento bíblico de la milla adicional, en el Evangelio de Mateo 5, 41 dice: *"Si alguien te obliga a llevarle la carga, llévasela el doble más lejos"*, entendemos la clave de servir hasta que duela (como decía Santa Teresa de Calcuta), pero el ejemplo más claro de misericordia es el del buen samaritano, evangelio de Lucas 10, 30-37

" Jesús empezó a decir: "Bajaba un hombre por el camino de Jerusalén a Jericó y cayó en manos de unos bandidos, que lo despojaron hasta de sus ropas, lo golpearon y se marcharon dejándolo medio muerto.

Por casualidad bajaba por ese camino un sacerdote; lo vió, dio un rodeo y pasó de largo. Lo mismo hizo un levita que llegó a ese lugar: lo vio, dio un rodeo y pasó de largo.

Un samaritano también pasó por aquel camino y lo vio; pero éste se compadeció de él. 34 Se acercó, curó sus heridas con aceite y vino y se las vendó; después lo montó sobre el animal que traía, lo condujo a una posada y se encargó de cuidarlo. Al día siguiente sacó dos monedas y se las dio al posadero diciéndole: "Cuídalo, y si gastas más, yo te lo pagaré a mi vuelta."

Jesús entonces le preguntó: "Según tu parecer, ¿cuál de estos tres fue el prójimo del hombre que cayó en manos de los salteadores?" El maestro de la Ley contestó: "El que se mostró compasivo con él." Y Jesús le dijo: "Vete y haz tú lo mismo."".

El apego materialista, implica una vigilancia y defensa obsesiva de nuestras propiedades y recursos, incluso hasta desear los ajenos. Este apego sólo se puede vencer con muchas obras de generosidad al tipo del buen samaritano. La Biblia habla del "dador alegre", que se siente contento de que otros puedan cubrir las necesidades básicas. Con la generosidad por sobre la avaricia ó la caridad por sobre la envidia y solo así se tiempla el oro de nuestro espíritu.

En Jesús se resume el perdón al prójimo, la compasión con el más débil, el trabajo honrado, y muchas más virtudes testimoniadas.

Dice el papa Francisco:

"Retomando este preciado y anhelado "bien común" nos señala una vía: "la parábola del Buen Samaritano nos muestra con qué iniciativas se puede rehacer una comunidad a partir de hombres y mujeres que sienten y obran como verdaderos socios (en el sentido antiguo de conciudadanos). Hombres y mujeres que hacen propia y acompañan la fragilidad de los demás, que no dejan que se erija una sociedad de exclusión, sino que se

aproximan -se hacen prójimos- y levantan y rehabilitan al caído, para que el Bien sea Común." [23]

Un gran ejemplo de santidad fue Santa Teresa de Calcuta, que abandonó su vida familiar acomodada para ir a socorrer y servir a los más pobres de Calcuta, en la India. **Así hay muchos casos extremos de santidad y esa es la Economía de Dios.** Si la economía verdadera es eficiente, solo Dios puede dar la guía de lo perfecto.

En Panamá hay una fuerte migración de venezolanos, colombianos, haitianos y otros, que nos interpela y nuestra respuesta esta siendo bastante caritativa de *"país noble"*, como nos calificó el papa Francisco durante la JMJ 2019.

En este punto es importante reflexionar sobre el futuro de la seguridad social, nacida originalmente en Alemania bajo la idea del entonces canciller Otto von Bismarck, como Ley del Seguro de Enfermedad de 1883. En muchos casos se puede observar una crisis de controversias con varios componentes, tomando como referencia el caso de la seguridad social panameña. Vemos al respecto:

---

[23] NOVA NOVA, P. Gustavo: *Papa Francisco. El poder del amor como servicio.* Página 13.

- Existen importantes mejoras en la salud de la población en cuanto a su esperanza de vida.
- Hay reducción de los cotizantes por la baja en empleos formales
- Aumento de beneficiarios
- Abuso de beneficios
- Evasión de las cuotas pagadas por las empresas.
- Nombramiento de empleados improductivos
- Fallas en el control administrativo.
- Debilidad en la inversión en el mercado de valores.

Como podemos observar, un mecanismo noble de apoyo a los más necesitados, generalmente a través de un enfoque solidario, pasa a las garras de una ineficiente y dañina corrupción, unida a las difíciles características citadas sobre las mejoras de salud y reducción de cotizantes.

La otra opción, las cuentas individuales, garantizan la jubilación a aquellos que ahorran en los fondos de pensión privados, pero presentan un gran reto en su manejo bien regulado por el mercado de valores y el riesgo que el estado decida fusionar las cuentas individualizadas con las solidarias.

Toda sociedad justa debe velar por sus discapacitados y adultos mayores, pero jamás se logrará si no se superan las terribles fallas señaladas. Se requiere un gran diálogo realista, pero con el compromiso de todos, considerando primeramente el amor al prójimo. Difícil reto.

Capítulo V

La fe mueve montañas

a. Cooperación y competencia

Si nos referimos a extremos famosos, vemos en las grandes controversias o discursos, un ala izquierda y otra derecha, a los conservadores y los progresistas, el estado y el mercado, a la autocracia y la democracia. Son alternativas de la dicotomía de los enfoques mencionada en el capítulo I, sobre las fuerzas contrarias de izquierda y derecha.

Al llevar estas opciones hacia los conceptos de cooperación o competencia, pensamos primero que la cooperación a diferencia de la competencia es incluyente. Igual podemos verlo en la dicotomía de cantidad vs. calidad, donde la cantidad es más incluyente que la calidad, o en los sistemas socialismo y capitalismo, o en demócratas y republicanos.

Si realizamos una tabla esquemática resumimos las dos alas:

OPCIÓN 1	OPCIÓN 2
Izquierda	Derecha
Progresista	Conservador
Estado	Mercado

Autocracia	Democracia
Cooperación	Competencia
Cantidad	Calidad
Demócrata	Republicano
Socialismo	Capitalismo

Como es difícil en realidad una opción pura, vienen al caso las preguntas: ¿Qué tan extremos son y qué tan combinados están o deben estar?

En cada extremo puede haber una parte del contrario, como enseña el famoso libro chino denominado I Ching (Yin y Yang), el oráculo del cambio, sobre los contrarios en la naturaleza; o las leyes dialécticas (lucha de los contrarios por su unidad, cambio de cantidad a calidad y negación de la negación), vistas en la teoría hegeliana como, la tesis, antítesis y síntesis.

Podemos ver la confrontación entre capitalismo y socialismo, como competencia vs. cooperación y ambas tienen buenas cualidades, dado que la competencia eleva la calidad, pero la cooperación brinda cantidad, por ejemplo de productos, que cubrirá a más gente. Igual ambas tienen defectos, dado el abuso de la competencia hacia lo desleal y el de la cooperación hacia la vagancia o despilfarro (de lo que no me cuesta hago fiesta). **¿A la larga, qué fuerza podrá nivelar estas polaridades?** Si observamos bien, lo que las daña es el abuso, pero debemos agregar además a la indolencia o indiferencia por la suerte del alter (prójimo).

Si el competidor no hace trampa, aun así dejará a muchos en el camino que quizás deberán buscar otra labor, pero como existe la redistribución del ingreso, léase pago de impuestos, el podrá ser solidario con ellos. Igual es el caso del que recibe cooperación, si no abusa de lo que recibe, alcanzará para más gente.

Como mencioné en el capítulo I, el sistema económico que rige en casi todo el orbe es el Sistema mixto, con distintas proporciones de intervención del estado. El estado aporta a la solución de muchas situaciones negativas, como en la crisis económica del 2008 (USA Subprime), o en la pandemia del COVID 19, en las que se aplicó un paliativo para la resistencia o sobrevivencia.

Lo importante es ver que donde el hombre se excede en ambición materialista y egoísta, nada avanza de manera justa, pacífica y balanceada. Jesús lo dijo: "*Yo soy la vid y ustedes los sarmientos. El que permanece en mí y yo en él, ése da mucho fruto, pero sin mí no pueden hacer nada."* Evangelio de Juan 15, 5.

Hay que competir y cooperar con el otro, pero la armonía no es espontánea del hombre, al estar inundado de ambición y apego material, debe existir el balance que solo puede dar la cercanía con el buen espíritu, apoyada en el respaldo del magisterio de la Iglesia y la oración desde el corazón.

b. Eficiencia es riqueza

La economía como ciencia tiene el objetivo fundamental de administrar eficientemente los recursos económicos para generar la riqueza que alcance a satisfacer al máximo posible, las necesidades de la población nacional. Si nos basamos en los sistemas predominantes en la actualidad, el sistema capitalista se orienta al mercado, el socialista a las decisiones del estado a partir de la planificación central y el mixto a una combinación, que abarca la libre empresa, la intervención estatal vía la regulación de superintendencias de bancos, seguros, reguladores de competencia, etc.

Los llamados fallos del mercado son aquellas situaciones de error que afectan la eficiencia en la consecución de objetivos de las economías. Vienen a ser las debilidades de la mano invisible de Adam Smith. A nivel general se citan cinco principales fallos del mercado: la inestabilidad de los ciclos económicos, la existencia de bienes públicos, las externalidades, la competencia imperfecta y la distribución desigual de la renta.

Los fallos del mercado son: [24]

1. **La inestabilidad de los ciclos económicos**: toda economía en general sufre fluctuaciones en su producción, empleo, comercio exterior, inversiones, costos y precios, que van del auge, a la recesión, al estancamiento y a la recuperación (para retornar nuevamente al auge). Estas fluctuaciones afectan la estabilidad requerida para el buen funcionamiento económico, generando

---

[24] EL BLOG SALMÓN: Cinco fallos del mercado que el Estado intenta solucionar, con más o menos éxito. Ver Bibliografía digital.

desempleo, alzas de precios, etc., y plantean la intervención del estado para aumentar el gasto público, producir bienes o bajar impuestos.

2. **La existencia de bienes públicos**: hay bienes o servicios que por su baja rentabilidad sólo es posible satisfacerlos a través del sector público, tales como los servicios de defensa, seguridad, salud, educación pública, carreteras, puentes, que serían muy costosos para las empresas, pero pueden aumentar la intervención del estado y el alza de impuestos o los subsidios a empresas, afectando el libre desempeño del mercado.

3. **Las externalidades**: las actividades económicas generan en varios casos efectos nocivos a su entorno, tales como la contaminación ambiental y el ruido, lo que obliga al estado a intervenir a partir de leyes limitantes o cobro de impuestos.

4. **La competencia imperfecta**: la competencia planteada por Adam Smith, se basaba en un comportamiento equilibrado del mercado, sin embargo las empresas en su voracidad, realizan prácticas monopolistas o

se asocian las pocas existentes del mercado, para elevar los precios y abusar de consumidores que quedan sin alternativas de poder comprar en otros lugares sus productos. Igualmente hay un gran abuso de la publicidad engañosa que promete al consumidor productos de calidad o cantidad que son falsas.

5. **La distribución desigual de la renta**: dada la falta de poder adquisitivo en una parte de la población, el estado interviene a través de políticas redistributivas del ingreso, generando cargas tributarias que financien mecanismos para que los más necesitados reciban subsidios o ayudas económicas diversas. Muchas veces esto es anulado por la evasión fiscal.

Los fallos del mercado afectan al capitalismo y al sistema mixto, no al socialismo. Para el socialismo y su planificación centralizada, más que fallos del mercado existe una ausencia de éste y sus mecanismos de equilibrio de oferta, demanda y precios. Las decisiones son centralizadas y se asume que lo que conviene a la población lo define un grupo de planificadores y generalmente un partido "comunista" con su línea de prioridades, incluso las ideológicas. Luego entonces no considera las opciones libres del pueblo para opinar, incluso durante las elecciones democráticas, que al final son viciadas, dado que ellos tienen siempre las "mejores respuestas".

Tanto los fallos del libre mercado, como la planificación centralizada socialista, **afectan la eficiencia como cualidad que más define a la Economía y que genera el desarrollo sostenible.** Consideremos que el factor moral es lógicamente espiritual y recordemos que la falta de ética o moral, se basa en la ambición obsesiva materialista (dinero, poder y placer), gobernada por el egoísmo; y por esta razón, solo el crecimiento espiritual lleva al balance sostenible. La institución en la que más observamos que fluye ordenadamente la espiritualidad es en la Iglesia Católica.

c. Libertad, Igualdad y Fraternidad

Al llegar a este punto podemos entender que en una economía debe existir la libertad como factor creativo de la iniciativa privada, sin olvidar que el estado debe intervenir solo para regular actividades específicas y cuando existan fallos del mercado, catástrofes naturales, defensa de las fronteras, pandemias, crisis financieras, etc., en la búsqueda del bienestar de todos, o sea la igualdad racional. Pero la debilidad siempre gira hacia la ausencia de la fraternidad humana.

La economía de Dios se ubica por sobre este mundo material maravilloso posible que Él nos regala, junto con nuestra libertad ligada a su mandato divino de crecer y multiplicarnos al igual que nuestra búsqueda del bien común igualitario con amor. Pero la garantía se da, solo si seguimos las instrucciones, que nos ha donado el buen Dios, en la fraternidad de los pueblos, que logremos superar el egoísmo estéril, al amar al prójimo como a ti mismo e incluso amar a los enemigos.

El citado Grupo de El Valle, *en su recapitulación plantea que:*

"Para que Panamá empiece a movilizarse hacia la reafirmación de los valores cristianos en todos los órdenes de la

convivencia social, se requiere una acción moralizadora profunda y sostenida como primer paso esencial." [25]

Una economía que parte del mundo pero según Dios la quiere, va respetando nuestra libertad y promoviendo nuestra hermandad guiada por la sabiduría del amor eterno, pero con la fe cultivada día a día, para alcanzar una plena sintonía.

Es duro entender la exigencia de santidad en cada ciudadano, pero en realidad es la opción libre que Dios nos da, ser santos para mejorar al mundo y garantizar la vida eterna. **Muchas veces se confunde santo con perfecto, pero los santos deben verse como pecadores que dan una gran lucha, desde su cercanía con la Iglesia.**

El papa Francisco en su Exhortación Apostólica de 2018, "Alegraos y regocijaos", indica que todos debemos buscar nuestra santidad en el cada día:

"Me gusta ver la santidad en el pueblo de Dios paciente: a los padres que crían con tanto amor a sus hijos, en esos hombres y mujeres que trabajan para llevar el pan a su casa, en los

---

[25] GRUPO DE EL VALLE, *Hacia una economía más humana*. Reflexiones cristianas para el desarrollo de Panamá con prioridad en los más pobres. página 132.

enfermos, en las religiosas ancianas que siguen sonriendo. En esta constancia para seguir adelante día a día, veo la santidad de la iglesia militante. Esa es muchas veces la santidad <<de la puerta de al lado>>, de aquellos que viven cerca de nosotros y son un reflejo de la presencia de Dios, o, para usar otra expresión, << la clase media de la santidad>>" [26]

De no entrar en este duro camino, el mundo seguirá confundido, orgulloso, egoísta y falto de armonía. El llamado optimismo tecnológico, tendrá muchas innovaciones materiales, pero no podrá alcanzar ni avanzar en la fraternidad que nos garantiza la eficiencia en todos los sentidos.

---

[26] FRANCISCO: *Exhortación Apostólica Gaudete et Exsultate.* Sobre el llamado a la Santidad en el mundo actual. Página 9.

Conclusiones

★ Con la tecnología, la robótica, la contaminación y el individualismo egoísta, a la humanidad le será muy difícil combatir la pobreza y el desempleo, lo que requiere un aumento en la hermandad y fraternidad de nuestras relaciones sociales.

★ La pobreza material del hombre está amarrada a la falta de la vivencia espiritual plena, dado que el egoísmo nos domina al momento de distribuir los panes, se pierde cada vez más la fe y se cae en la depresión generalizada. Es engañoso y cruel prometer el bienestar de todos a partir de la fuerza y a la larga generar mucha tristeza y dolor

★ La ética eficiente se logra dentro de un marco espiritual que la promueva y proteja de forma integral. Tal es el conocimiento y vivencia de las virtudes capitales y los sacramentos.

★ El equilibrio de la naturaleza es perfecto, pero el libre albedrío del hombre en su búsqueda de sobrevivencia y grandeza, lo altera. Solo la guía del Hacedor de todo, le da las luces adecuadas para el necesario balance.

★ La realidad del estado y del mercado son ineludibles pero para armonizar estas grandes fuerzas, solo existe un camino ético o moral que logre la eficiencia anhelada y solo se alcanza al aceptar con sabia humildad, las enseñanzas transmitidas profundamente por las Sagradas Escrituras unidas con la experiencia y vivencia de la tradición y el magisterio de la Iglesia Católica.

★ La economía es la ciencia de la eficiencia micro y macro administrativa, la cual ha transitado por una evolución que es observable claramente en los sistemas económicos, que son mutaciones en la búsqueda y maximización de la libertad plena del hombre.

★ Un Sistema mixto verdaderamente integral, funcionará con tres ingredientes: mercado, estado y moralidad. Esta última solo es posible al considerar que el orden material no se controla a sí mismo, dado que requiere del orden espiritual.

★ La creación es orden, pero la ambición desmedida y avara nos nubla el entendimiento de que la libertad, tiene límites que garantizan su sostenibilidad. Y la libertad sin orden cae en el dañino libertinaje del que vienen los excesos llamados vicios o pecados capitales. Pasada la borrachera vienen las lamentaciones y el endeudamiento.

★ Querámoslo o no, hay un padre Creador del orden, que nos espera con amor y promete justicia, sin tantas estadísticas, cuentas bancarias, tecnología o diversiones, **la sabiduría de Dios es la clave del juego en esta vida, que obviamente no es eterna.**

★ **El estado y el mercado no son enemigos, sino entes complementarios**, tal como la razón (ciencia) y la fe, o el cuerpo y el espíritu, o el hombre y la mujer, **ambos llevan al humano hijo de Dios, a alcanzar el trascendental propósito de la vida.**

★ El amor es el don espiritual de Dios por excelencia y jamás puede entenderse, situándose exclusivamente en la esfera material. Si no asimilamos o comprendemos su fuerza integral, de nada valdrán los sistemas económicos utópicos, reales o temporales.

★ Los sistemas económicos en la historia evolucionaron siempre asociados con la libertad o no del hombre. A futuro no vislumbramos nuevos sistemas económicos óptimos, a menos que se considere al sistema económico mixto, sabiamente integrado con un Sistema Moral o Ético que lo sustente.

Bibliografía

Impresa:

- BERGOGLIO, Cardenal Jorge M.: *Corrupción y pecado. Algunas reflexiones en torno al tema de la corrupción.* Editorial Claretiana, 1a. edición, segunda reimpresión, Buenos Aires, 2013.
- CLEGHORN E., Luis Eduardo: *Gestión Ética para una organización competitiva.* Taller San Pablo, Bogotá, Colombia. Sin año.
- CONFERENCIA EPISCOPAL PANAMEÑA: *Catecismo de la Iglesia Católica.* Compendio. Editorial San Pablo, Bogotá, Colombia 2006.
- EDITORIAL SAN PABLO, *La Biblia Latinoamérica.* Versión digital en Compact Disk (CD), fabricada por SONOPRESS para Editorial San Pablo, Madrid, 2006. **Todas las citas bíblicas han sido extraídas de aquí.**
- FRANCISCO: *Exhortación Apostólica Gaudete et Exsultate.* Sobre el llamado a la Santidad en el mundo actual. Librería Editrice Vaticana, Ciudad del Vaticano, 2018.
- GANDHI, Mahatma: *Que es el amor.* Editorial Lumen. Buenos Aires, Argentina, 1995.

- GRIGNION DE MONTFORT, San Luis María: *El amor de la sabiduría eterna*. Centro Mariano Montfortiano, 2a. edición colombiana, Bogotá 1998.
- GRUPO DE EL VALLE: *Hacia una economía más humana. Reflexiones cristianas para el desarrollo de Panamá con prioridad en los más pobres*. Edición de Julia Regales de Wolfschoon, Editorial Litográfica S.A., Panamá 1985.
- JURADO, Ramón H.: *El Lucro. Constante dinámica en la conducta del hombre occidental*. Editores Librería Cultural Panameña, 1971.
- KEYNES, John Maynard: *Teoría General de la ocupación, el interés y el dinero*. Fondo de Cultura Económica/Serie de Economía. Segunda edición en español corregida, décima reimpresión, México 1987.
- NOVA NOVA, Gustavo: *Papa Francisco. El poder del amor como servicio*. Editorial San Pablo, Caracas, Venezuela, 2013.
- PONTIFICIO CONSEJO DE JUSTICIA Y PAZ y CONFERENCIA EPISCOPAL DE COLOMBIA: *Compendio de la Doctrina Social de La Iglesia*. Editorial Nomos S.A., Colombia 2005.

- RICCIARDI, Ramón: *¿Por qué Dios permite el dolor?* Impreso en los Talleres de la Fundación Jesús de la Misericordia. Quito, Ecuador, 2003.
- RUBIALES, Francisco: *Democracia secuestrada. menos partidos y más ciudadanos para la nueva sociedad del debate.* Editorial Almuzara. Impreso en España, 2005.
- SAMUELSON, Paul A. y William D. Nordhaus: *Macroeconomía. Con aplicaciones a Latinoamérica.* McGraw Hill, 19 edición, impreso en México, 2010.

Digital:

- DIARIO EL UNIVERSAL: "*Este es el lado religioso de Isaac Newton, un devoto muy poco convencional.*" https://www.eluniversal.com.mx/ciencia-y-salud/este-es-el-lado-religioso-de-isaac-newton-un-devoto-muy-poco-convencional
- EL BLOG SALMÓN: *Cinco fallos del mercado que el Estado intenta solucionar, con más o menos éxito.* https://www.elblogsalmon.com/economia/cinco-fallos-del-mercado-que-el-estado-intenta-solucionar-con-mas-o-menos-exito
- GRUPO INGENIERIL: *Nikola Tesla: el hombre más inteligente de todos los tiempos.* http://mundo-

ingenieril.blogspot.com/2014/12/nikola-tesla-el-hombre-mas-inteligente.html
- INSTITUTO EUROPEO DE POSTGRADO: *Las 5 fases de la pirámide de Maslow.* https://www.iep.edu.es/las-5-fases-de-la-piramide-de-maslow/#:~:text=humanista%20Abraham%20Maslow%2C%E2%80%A6-,La%20pir%C3%A1mide%20de%20Maslow%20es%20una%20teor%C3%ADa%20sobre%20la%20motivaci%C3%B3n,teor%C3%ADa%20sobre%20la%20motivaci%C3%B3n%20humana.
- ORTIZ MILLÁN, Gustavo: "Sobre la distinción entre ética y moral". Isonomía No. 45 México, octubre de 2016. https://www.scielo.org.mx/scielo.php?script=sci_arttext&pid=S1405-02182016000200113#:~:text=Argumento%20espec%C3%ADficamente%20en%20contra%20de,reglas%20impuestas%20por%20la%20sociedad.
- OXFORD LANGUAGES & GOOGLE: Definición de ética. https://www.google.com/search?q=%C3%A9tica+significado&rlz=1C1ZKTG_esPA937PA937&oq=&aqs=chrome.0.35i39i362l5j46i39i199i362i465j35i

39i362l2.1747602041j0j15&sourceid=chrome&ie=UTF-8
- REAL ACADEMIA DE LA LENGUA ESPAÑOLA. *Diccionario de la lengua española.* Edición Tricentenario. Actualización de 2021. Definición de Avaricia. https://dle.rae.es/avaricia
- SMITH, Adam: *La riqueza de las naciones.* https://tavapy.gov.py/biblioteca/wp-content/uploads/2022/04/Smith-A-La-riqueza-de-las-naciones.pdf
- SMITH, Adam: *Teoría de los sentimientos morales.* https://jeffersonamericas.org/wp-content/uploads/2020/08/Smith-Adam-La-teoria-de-los-sentimientos-morales-6181-r1.0.pdf
- SUPERINTENDENCIA DE BANCOS DE PANAMÁ y otros: Tu Balboa con sentido. https://tubalboaconsentido.gob.pa/
- WIKIPEDIA: *Manuel Carreira.*

  https://es.wikipedia.org/wiki/Manuel_Carreira.

- YOUTUBE: *¿Hay contradicción entre ciencia y Biblia?* Video de P. Manuel Carreira. https://www.youtube.com/watch?v=O33ZPN3gmTE

Agradecimientos

- Al Dios Todopoderoso, que me sostiene humilde y da esperanza de alegría eterna.
- A mis padres en el cielo por inculcarme el espíritu del bien.
- A mi esposa por tantas cosas, inigualable compañía, diálogo, alimentos exquisitos, sabiduría.
- A mis maestros y profesores por dar continuidad al conocimiento acumulado universal y su enseñanza a reflexionar.
- A mis días y noches de duda para encontrar la verdad.
- A mi Iglesia Católica (Universal), por acercarme progresivamente a la Verdad.
- Al maestro Francisco Navarro Lara, por sus cursos "on line" sobre cómo ser escritor de éxito.

www.ingramcontent.com/pod-product-compliance
Lightning Source LLC
Chambersburg PA
CBHW071417210526
45465CB00001B/430